Palabras Que Faltaron

Colección de Poemas

Mariela Payan Egurrola

A la memoria de Yamile Roda Egurrola.

La muerte de mi hermana mayor fue inesperada, que muerte no lo es. No fue la primera muerte en mi vida adulta, pero me ha marcado íntimamente de una forma diferente y muy profunda. Cada persona trabaja de forma diferente el proceso del luto en su alma. Yo hablo con ella como si aun estuviese presente. Este libro es una recopilación de poemas escritos a través de los últimos años en honor a ella, a su carácter, espíritu, corazón, y vida. Posiblemente, le siga escribiendo a ella toda mi vida. Aunque en mi interior sé, que hay ciclos de luto necesarios de cerrar; para poder así ser libre del dolor y la deuda que se siente, con los que ya no están en nuestras vidas.

En el caso del poemario de Mariela Payan, escribir puede decirse que es nadar entre aguas diáfanas, o turbias, agitadas, que te remueven. El mar es uno de los temas más recurrentes en su poesía. El mar en toda su extensión. El mar como impulso, el mar que se lleva las palabras y las devuelve y agita a esas palabras que se llevan y traen el dolor.

No podemos acercarnos a este poemario sin la empatía del que se acerca a un corazón herido, a un alma divagante en búsqueda.

¿Cómo te puedo ayudar? Pregunta Mariela en sus versos, en esa búsqueda constante y deseo de alivio del dolor de la vida, de la necesidad de consuelo ante la pérdida. Las palabras se mecen en el oleaje y en el ritmo y cadencia de los versos.

La poesía de Mariela nos aleja de la estructura, es una poesía libre de marcos y casi de tradiciones, sin embargo, tiene lo clásico de la tragedia. Nos trae pensamientos pensantes que nos conectan con los temas que nos ocupan desde el principio de la humanidad como es la búsqueda del consuelo y la felicidad, el amor, el dolor y el miedo ante la pérdida. Todo envuelto en un universo creado de simbología vinculada a la naturaleza, el mar, la brisa, los colores azules, la sal, el bosque, y el viento.

El tono intimista del poemario, pero en constante vínculo y conexión con el destinatario consigue hacer al lector cómplice en el proceso de sanación del poeta y a veces incluso antorcha en la búsqueda. Es imposible salir ileso de estos versos, porque bucearlos, significa bucear en nuestras propias entrañas, visualizando heridas abiertas, situaciones no cerradas. Visualizar desde la distancia, con los versos de filtro, para esperar la sanación y la cicatrización de lo que ya no podemos cambiar y hemos aceptado con el paso del tiempo. Aunque a veces vuelva como la marea para recordarnos que a todos nos espera un mismo destino.

Autora del Prólogo: Purificación Borja Ledesma

En Viena, el 30 de Julio de 2023

Agradecimientos

Quiero dar las gracias, a mi madre Magaly Egurrola Hernández por su apoyo incondicional y ser mi fan favorita. A mi esposa Nelideisy Fernández Morales por ser mi otra mitad, en los días en que más la necesitaba y por su inmensa ayuda en la publicación de este libro. A toda mi familia por ser mi sostén moral y en especial a David Hickey, a David Junior y a toda la familia Hickey por su apoyo y amor. A Lourdes Torres de la Fe, por las correcciones de la mayoría de estos poemas. A Purificación Borja Ledesma, por su motivación desde el inicio y por el Prólogo de este libro. A Sandra Ortega Tápanes, por la colaboración en uno de los poemas de esta colección, además, de la carta llamada "Notas Finales" que cierra este libro, finalmente, por su apoyo incondicional. A Tanja Stephanie Isabel Schnider y a Tony Turner, por su motivación y el apoyo moral que me han brindado durante este proceso. Sin más preámbulos, de corazón quiero dar las gracias a todos mis "chuchis o kukis" que siempre han estado ahí, regalándome mucho cariño y amor.

Índice

¡Viendo, sintiendo y caminando por ti!

Te presto mis ojos.
Para que veas,
todo lo que vendrá.

Te presto mis manos.
Para que acaricies:
el pelo de tu hijo,
la cara de tu esposo,
y le des un abrazo a mamá.

Te presto mis pies.
Para que camines en ellos
y sigas así,
estando con nosotros;
muy cerca de estas almas,
a las que les falta
tu presencia, tan vital.

Y te regalo un beso,
ese, hermana mía, no te lo presto.
Es para ti, desde muy lejos.

Octubre, 2020

Hecha cenizas

Cómo decirle a tus cenizas
que el viento las llevará a donde él quiera
y que yo,
hoy sin fuerzas,
no podré
hacer nada para detenerlo.

Ni pedir,
que se cumplan todos tus deseos;
ni parar esa avalancha de tristeza,
que tu pérdida, consigo trae.

¿Sabes?, cada día que pasa
tu sombra se hace eterna
y mis memorias contigo,
se enturbian en ella.

¿Sabes?, tus cenizas
se parecen tanto,
a esa sal que quema por dentro mi piel,
expuesta hoy, al sol,
de un nuevo día sin ti.
Sin que te aparezcas de pronto,
para hacerme saber,
sin pedírtelo yo
que estarás siempre a mi lado.

Cómo decirle a tus cenizas
que no te pareces nada a ellas,
que, aunque siento,

que solo somos tierra;
solo el humo del fuego que te quemó,
veo en ellas.
Y me martiriza en vivos sueños,
pensarte así:
ahogada, desaparecida, quemada.
Sin saber aún: ¿cómo y por qué pasó?

Y no concibo que ya no estés,
para que te murieras después que yo;
y me dejaras ser,
la egoísta en esta historia
sentimental y trágica,
como película de domingo.

¿Sabes?, estas cenizas no se parecen a ti.
Aunque te hubieran enterrado,
tu tumba, no se parecería a ti.
Nada, nunca; te va a sustituir.

Diciembre, 2020

El Mar nunca viene solo

El Mar se lleva tus palabras;
las abraza en cada ola
las envuelve en la arena
y en él: te vas,
sin decirnos nada.

¡Ay!, Yamita...
El Mar nunca viene solo.

El viento que lo acompaña
como ecos de tristeza,
calla las lágrimas de tus gritos de socorro.
Desaparecidos ecos,
en algún fondo azul,
donde tu alma deambula.

¡Ay!, Yamita...
El Mar; como cola de vestido de baile,
trae con su espuma,
el canto de una melodía,
que solo tú sabes entonar.

Enfrente, está el Mar,
y nosotros esperando, que él te devuelva,
que vuelvas a nuestra vida,
en una, de esas escapadas tuyas.

¡Ay!, el Mar se parece tanto a ti
que abruma y al mismo tiempo,
no lo dejamos de mirar.
Mientras secamos nuestras lágrimas,
tratando de gritar o tragar:
un no, no sé qué pasó.

¡Ay!, Yamita...
Hoy no llega,
ni el eco de una respuesta.
¡Y sí!, sin palabras quedamos.
¿En qué poema estás?
¿De qué horizonte regresas?
Vas, ¿vas a regresar?

¡Ay!, Yamita...
... Anoche entró la oscuridad
y este poema quedó sin palabras.

Abril, 2020

Anclada

Se me ancló el barco
en la playa de nuestros sueños.
Y no he salido a buscarte,
porque te llevó la muerte.

La muerte, con su vestido negro
coloreó las olas, estrellas y luceros.

Es tan oscura la noche
que no veo tu alma,
ni tu luz pidiendo;
un velero de regreso.

Estancada, en isla sin luces
en la noche quedo,
pensando que mañana
todas estas lágrimas,
serán solo un sueño.

Sueño, que no recordaré
como tus palabras,
que en mis recuerdos
ya son, solo ecos.

Ecos, que cada vez,
escucho menos.

Por la sordera
que trae consigo el tiempo.

Entonces lloro, por la impotencia
porque no hubo luces, en la noche,
que buscabas un velero.
Y no estuve para salir corriendo,
a ayudarte en el intento,
de desafiar la muerte.

Anclada, en una noche del 2020 quedo.
La muerte, solo nos mira riendo.
Nos dice: eran sus números,
salieron sin querer, tal vez queriendo,
y también nos dice:
recuérdala,
acuérdate,
aunque solo sean ecos,
aunque solo sean sueños.

Febrero, 2021

Te dejaste ir…

La puerta del cielo
en colores se abrió a ti.
Y no sabías qué decir
solo te dejaste ir.

Las olas del mar
en su azul te abrazaron al partir.
No sabías qué hacer
era tarde y te dejaste ir.

La arena de esa playa cubrió tus pies,
con pequeños, triturados, y fascinantes corales.
No había porqué correr,
atardecía y te dejaste ir.

La Isla, como siempre te acogió
al regreso de tus intercontinentales viajes,
el fin de año,
marcaba un nuevo comienzo en ti.
¿Sabías, qué querías hacer?
¿Sabías, que la vida estaba en tus manos?

La suerte siempre te acompañaba,
caprichosa ella como tú,
en sus andanzas.
Pero esta vez,

un 18 de enero,
la suerte llamo a tu puerta,
otra vez, cuidándote la espalda.

¿Y tú?

Porque, no sé, o nunca se sabrá....

Tú, ¿la dejaste ir?

Mayo, 2020

En esa foto tuya

Tu mirada se clava,
en el fondo de mis ojos.
Y recuerdo la ternura,
que siempre vi en ti.
Hoy, discúlpame: no veo más nada.
Toco el papel imaginariamente
y solo siento: una cruda y triste certeza
que lo vacía todo,
es esa realidad, ya no estás.

Tu mirada,
me preguntaría tal vez:
¿Qué hay?
¿Qué necesitas?
¿Cómo te puedo ayudar?
¿Qué pasó esta vez?
Y yo empiezo a llorar;
no sé, por dónde empezar.

Han pasado tantos días,
desde que no estás,
que no sé, qué contarte, ni cómo empezar.

Aunque sé, que tus ojos sinceros me dirían:
siéntate, cuéntame, solo empieza a hablar.

Siento tanta vida por delante,
y tú, estás en mi recuerdo;
impulsándome,
guiándome,

empoderándome.

Y sé, que tu mirada,
se clavó para siempre, en el fondo del mar.
Y allí te guardo, en mi imaginación,
algunos días sí, otros no;
entre corales y peces de colores.
Nadando alegre y feliz, con la marea
que siempre te lleva
a tu sitio de paz.

Septiembre, 2020

Nuestra Adrenalina

Subirnos a un trampolín,
a soltar nuestras penas al viento.
Aprende un poco de portugués
me dice tu sombra.
Y compra, *"one way ticket to Brazil"*
Iremos a la playa,
a las cuatro de la mañana
con el carro lleno de *"chuchis o kukis"*.
Cantando la última canción del *"billboard"*;
en la radio, el casete, el DVD o hasta el Bluetooth,
depende el año al que regresemos.
A todo volumen
con las ventanas bajadas,
buscando el amanecer
en la próxima esquina;
para terminar bailando,
con los pies en alguna arena.

¡Una vida llena!, esa es nuestra adrenalina:
de India a China,
de Cuba a Irlanda,
de Austria a USA,
te llevo en mi corazón,
¡Y lo que vivo, lo vives tú!

Agosto, 2020

¡Un Mar por ti!

Hay lluvias,
que nacen de la desesperación,
o de la separación
de esos seres queridos,
que ya no están.

La de mis ojos
esa lluvia sin tierra, no cesa.
Está ahí, cubriendo mis pasos,
sorprendiéndome,
en esos momentos en donde algo triste
pasa por mi lado
y yo sin pensarlo, en ti pienso.

Y aunque hoy,
no estoy cerca del Mar.
Solo viento y arena es lo que me rodea
en este desierto sin fin;
llueve en mí, un Mar de tristeza
porque no estás.

Abril, 2020

Un Mar de Enero

Camino, contra lluvia, viento
y me acompaña esa falta de deseo,
que trae,
un Mar de Enero.

Un Mar arrasador
que caza lo que pasa,
sin pensar que paso.

El pensar, es nuestra dicha y cruz.

El pensar ancla la mente
con esos sentimientos:
de soledad, desosiego,
y si sigo la larga lista…
llego hasta el arrepentimiento
que aparece, me acompaña
y nunca muere,
en un Mar de Enero.

Y ese Mar,
luce luto ante mis ojos,
está oscuro y violento;
se vuelve en un devastador,
envuelto en espuma de salvajes olas.
Él, no deja ni huellas en esta arena,
en su eterno llevar y traer.
Y hasta se llevó,
un pedazo de mi corazón.

Camino contra lluvia, viento

y me acompaña esa falta de deseo.
Entonces, ahí estas,
entre las olas, las gotas y el aire
que traen tu voz;
como eco que vuelve
en este Mar de Enero.

Diciéndome: ¡ya paso!
¡Sigue, ahí está el arcoíris!
¡Sigue, como la vida!
¡Sigue!

Diciembre, 2021

Tu Nombre

Hay días en que tu nombre,
esta escrito en el aire.

En las sombras que me acompañan.

Sobre todo, al hablar: de cosas profundas,
acompañadas de frases, que se cortan, en mi garganta.

Porque a veces al llorar por ti,
de pronto nada importa,
excepto; el hecho de que no estas.

En esos momentos,
eres el plato del día, la noticia,
la imagen que quiero y no quiero recordar.

El mundo, celebra la vida y yo pienso en tu muerte.

De pronto, como lluvia de verano sin fin,
huracán descomunal,
tornado arrebatador;
sin pensarlo dos veces, lagrimas llenan mi pensamiento.
Brotan sin querer parar,
y nuestras imágenes juntas
se apoderan de mi mente.

Y esas preguntas sin respuestas, vuelven.

¿Por qué ya no estás?
¿Por qué te fuiste tan pronto?
¿Por qué te llevó el mar?

¿Te llevó el mar?

April, 2021

Entre Hermanas

El árbol está ahí,
en el horizonte con su columpio.
Allí me encuentro contigo
y te pregunto
¿Por qué te has ido?
Las sombras no saben,
lo que es el olvido;
somos los vivos,
los que cargamos, esa cruz del destino.

Enojada por los hechos,
lloro a contra viento,
el verde de esta primavera me invade
como la vida, que está naciendo.

El canto de los pájaros al atardecer,
se parece tanto,
a tu voz, que desde lejos dice:
¡Todo va a estar bien!

Y yo lloro,
al escuchar cantar tu luz,
tu optimismo incansable,
tu sol interno, radiante y contagioso
ese, que siempre brillo en ti,
aun, en los más tristes momentos.

Hermana, te fuiste tan pronto
y aún hay tanto,
de qué hablar, hacer y reír.

Hermana, como loca,
hablando sola estoy,
llorando sola estoy,
no sé cuánto más he de sufrir
tu repentina partida.

Dicen: que mientras más grande el dolor,
más bello fue el amor.

Hermana, dile a Yemaya,
que te cuide
entre las olas, caracolas y delfines.
Aché pa' ti,
Aché pa' ambas,
Aché en esta y en la otra.
¡Aché, mi corazón!

Abril, 2020

Volver el Tiempo

Corazón,
estás ajeno a este tiempo,
convives conmigo
en una parálisis momentánea;
de deseo, ganas o sueños,
sin fecha de expiración o explicación.

El temor que llega con la tragedia;
anda rasgando sin perdón,
los pétalos de un renaciente corazón;
que busca la luz del siguiente día,
entre la oscuridad
que marca la muerte en la piel.

Y es, que cada vez que una ola,
choca en mi orilla virtual o mental,
allí, esa melodía,
grita tu nombre constantemente
entre el tic tac de las horas,
en ecos que solo yo y los míos
ven y sienten.

¿Dónde estarás ahora, corazón?

Lates en mí,
como retazos de porcelana,

pegados por el amor de la familia
y la inevitable continuidad de la vida.

Ahora tú, simplemente:
palpitas diferente,
sí es que palpitas.

Me abro el pecho,
corazón, no estás dentro.
¿De qué color es la sangre del vacío?,
de ese, que llevo dentro;
¡Ansío aún, volver el tiempo!
y reírme,
de algún chiste viejo,
entre hermanas;
esos tantos, muchos o propios,
que contábamos
miles de veces, al vernos.

Hubo, tanta agua entre nosotras,
isleñas al fin,
que cada vez que iba a verte
todo se veía tan pequeño desde el cielo;
y siempre estabas ahí,
a unas horas, detrás de las nubes.

Corazón,
me abro el pecho.

No estás dentro.
¿De qué color es la sangre del vacío?
Ese, de muy adentro.
¡Ansío aún, volver el tiempo!

Febrero, 2020

En fin el Mar

No estas y mañana no estarás
y las mañanas de mañanas
tampoco estarás.
Que lindas te ves en la foto, ¿verdad?
La verdad es tan incómoda, ¿dónde estás?

Tu alma, nos acompaña callada
y no explica nada;
no tiene como.
Quedará por nosotros
averiguar y cuestionar, ¿qué va a pasar?
Con la felicidad de los vivos,
mientras estén vivito y coleando.

¿Como preguntarles a los muertos, qué querían?

Dejaste, un vacío,
en la imperfección de estos vivos,
que estamos estancados,
en lo vivido
y en lo que ha de venir.

Esperando aun,
ese eterno carnaval,
de flores, colores y música....
para bailar, reír y olvidar.

¡Ay, mi hermana!
No dejaste esas respuestas,
solo interrogantes.
El tiempo pasara como siempre,
ya, nos encontraremos allá,
y como digo yo,
a un final sin fin: en fin el mar.

Mayo, 2021

Esperando una respuesta

La noche cae, decimos adiós
y no recordarnos a Dios.
Porque Dios, no vino hoy
sobre todo, hoy,
que tú no estás en este mundo y faltas.

No vino Dios a decirme: ¿por qué no estás?
A darme un abrazo, porque no estás.
Dios no vino hoy.
¿A explicarme que pasó?
A consolarme, por esto y aquello
que jamás sabré.

Nadie vio nada y estabas sola.

Hoy, me quedé esperando a Dios,
con miles de preguntas entre los dedos
y tantas dudas en mi piel.
Añorando una respuesta
una razón que alivie,
este roto corazón.
Dios, ¿cómo?
¿Cómo quedo yo?

Diciembre, 2021

Es 18, vamos al malecón

Flores de colores,
a ese espíritu noble y aventurero
le ofrecemos.
Alma humana que nos bendijo,
con su amor incondicional.

Lanzamos hoy,
flores de girasoles,
iluminando así tu corazón.
Ese, que guardamos como tesoro.
Y es, que ese sol ardiente
que en ti brillaba,
colores de amanecer radia,
sobre nuestros vivos recuerdos.

Al Mar, llevamos hoy,
flores de colores, girasoles y tú,
juegas con ellas,
nos las devuelves
llenas de agua y sal,
de vida y alegría.
Tan tú, sonriendo en nuestra mente;
con picardía, ternura y entre labios,
un poco de: ¡Ay!, la vida es solo una.
¡Ve, vívela!

Flores de colores,
quedan hoy en esta orilla, de un Mar,
tan tuyo como nuestro.
Ellas se vuelven pinceladas
de brillantes colores,
divagando entre un azul profundo, divino,
y así, aunque sea por un día
se unen, a tu espíritu aventurero.

¿Sabes?, tu alma,
esa llena de amor;
no solo hoy está presente,
entre girasoles y un Mar de Malecón.
Tu alma eternamente,
como mantra de luz, nos acompaña.

Abril, 2023

¡*Egurrola!*

Ruedas de la montaña al mar,
sin molestar a nadie,
sin pedir una compañía.
Tratabas de resolver
los problemas de los demás;
sin preguntarte primero,
qué realmente querías.

Etérea en tus razones,
así te mantuviste, por mucho tiempo,
¿Y qué hizo el tiempo?

Yo supe tan poco,
que me culpo de mi ausencia.
¿Por qué rodaste, tan pronto, tan de repente?
¿Fue sin querer?

Ruedas al Mar
para que la brisa te lleve,
como Alfonsina o su prima.
A un final inesperado
aún inexplicable.

A esta casa, hoy ruedas,
como la sombra con la que hablo,
con la que discuto cualquier problema

y a la que le confieso,
que nunca quise:
que te fueras y menos tan pronto.

Ruedas y yo
aún me pregunto.
¿Qué, cómo pasó?
Como si me oyeras.
Como si me fueras a contestar.
Como si pudieras.

¡Eres la hermana mayor!

Egurrola, olas llevas en tu nombre
y fue una ola,
la que te llevó a ese Mar,
que siempre te abrazó.

Egurrola, vacía quedo
y el vaso, aún vacío veo,
pero sé que quisieras
que lo viera lleno.

Febrero, 2020

Corazón

¡Roto!
Partido en dos o en mil pedazos,
y no encuentro los lazos
para amarrarlo.

Corazón.

¡Roto!
Sin razón de alegría;
y no hay tiempo que sane esta herida
ni implante que llene
el vacío que quedó.

Corazón.

¡Roto!
Hecho mil pedazos o solo dos
y no hay medicina
que cure este dolor.

Corazón.

De Madre, hijo, esposo, hermana, familia y amigos,
roto por ti quedó.
Por cómo eras,
porque no estás,

por cómo fue.

Y es que te fuiste,
corazón,
a esa otra dimensión;
sin querer.

Enero, 2020

Entre el azul, rojo, verde y blanco

Yami, deambulas entre el tiempo
en una casa, en la cima del acantilado,
en el bello horizonte que veían tus ojos.
Buscando, ese aroma de rosas,
en la primavera, que llega siempre acompañada
de las lluvias irlandesas,
esas, que no cesan.

Y son tantas las fotos, en ellas,
te acompaña el rojo, como el color,
de tu cocina, con ese olor a dulce café,
esperando siempre a ser tomado.
Allí, mirando la rosa roja
que nació este mes, recordamos:
Rojo, el color que alegra a las Egurrolas,
Con Rojo nunca estamos solas.
¡Siempre nos da esa alegría!

Yami, tu blanca luz,
como el de esas paredes
que te guardan y veneran,
no se apagará nunca.
Rodeada de flores frescas y fotos,
allí estás en el rinconcito
que está siempre igualito,
en nuestros corazones.

Yami, danzas en los espacios de esa casa
que vio a tu hijo crecer;
llena de grandes ventanales sin cortinas,
para poder ver, al infinito azul que, en su seno,
hoy te tienen y guarda.
¡El mar siempre en el horizonte, así querías!
En las mañanas y en las noches,
de una isla a la otra,
en tu mente y en tus días, las unías.

Verde que te quiero verde, decías,
y nos reímos de tanto verdor.
¡Cuánto verdor cabe en una isla!,
¿Será por las lluvias o por ser islas?
El agua siempre las bendecía, ¿y tú?
Tú siempre nos unías, inseparables las tres, decías.
Mami, tú y yo; como las Marías.
Y hoy, entre el azul, rojo, verde y blanco,
de ambas costas, estás;
mirándonos desde lejos,
y siempre,
eternamente cuidándonos.

Abril, 2020

Islas

Si yo hubiera escogido ese vino,
fueran otras las canciones.
Si yo hubiera aceptado el vestido,
fueran otros los recuerdos.
Si no hubiese tanto Mar
entre nuestros caminos,
tal vez, por un milagro
estarías conmigo.

El ancla de un Isleño
son sus sueños,
y no hay Mar que lo resista,
ni tierra, suficiente grande
que lo cobije.
Ya nacimos con ese sutil defecto,
de querer más de lo que tenemos,
bailando entre el aburrimiento
de no saber: ¿qué hacer?
Y querer todo de un golpe,
en esta vida.

Por eso, tal vez…de que,
el horizonte es demasiado azul
y falta algo de equilibrio.
Imperfectos somos,
islas separadas de su continente
y así estamos
como siempre, esperando

que alguna estrella,
nos ilumine en el firmamento…
de repente.

Isleñas somos,
islas separadas en su propio mundo
sin anclas, ni estrella,
bailando entre al aburrimiento
de no saber que hacer,
y quererlo todo de repente.
Y si no hubiese,
tanto Mar entre nuestros caminos;
tal vez, por un milagro
estarías conmigo.

Febrero, 2021

Y vuelvo al Mar

Para cantarle mis dudas,
las misma de ayer,
las que dan arrugas y dicen:
¡Que no tienen cura!

Hoy juraría: ¡Que sí!
¡Escúchalo!
Es imposible: no estar embelesada
por esa melodía,
nacida de la ola que rompe en su caída,
en esta misma orilla,
compartida por mis pies y ella, al mojarlos.

¡Míralo!, es inevitable
no estar deslumbrada por el brillo
intermitente de un cálido sol otoñal.
Reflejado en esas olas
que envuelven mis inquietudes,
cubren esos problemas,
y relajan esas continuas preguntas sin respuestas,
acumuladas, en el humano que en mi traigo.

No sé,
si esta playa lo hace sin querer, queriendo.
Pero se lleva arrastrando mis dudas,
en un canto sin fin

y ellas, se vuelven definitivamente espuma,
en el fondo del mar;
de ese mismo mar, en el que hoy floto.

Sí, por él me dejo llevar.
Y, ¡Sí!; volví al Mar.

Septiembre, 2015

Notas: Este poema "Y Vuelvo al mar" se lo dediqué a Yamita en su cumpleaños; ir a la playa y nadar fue siempre una de sus actividades favoritas. Por eso lo agrego a esta colección de poemas.

Allí nos cruzamos

¡Y volvemos a cruzarnos!

Hoy, es el día,
en que dejaste esta tierra, te fuiste.
¿A dónde?
¿A dónde te fuiste?
¿Aun estas ahí, cuidándonos? "Big Sister"

Mirándonos y protegiéndonos.

Esa, es mi esperanza.
Sabes, es triste aquí sin ti.
Esa es mi esperanza, y sé que es egoísta.
Dejarte ir, sería lo normal,
pero dejarte ir, es igual a olvidarte.
Olvidarte, es que no has existido.

Y dice el bolero:
en el cielo nos veremos,
entre las estrellas y ese azul infinito.
Allí estarás, como en sueños,
cuidándonos a todos desde lejos.
Porque eso mi hermana,
siempre quisiste hacer,
cuidarnos a todos, más que a ti.
¿Verdad que sí?

Ese era tu deseo,
y por encima de todo, lo respeto.
¿Sabes? No es amor,
si no se ama,
la verdad, que vive en la persona.

Y así eras tú:
amabas sin condiciones,
dabas sin pedir,
estabas sin poseer.
Y, sobre todo, nada te daba miedo;
a tu lado, todo era posible.

Hermana mía:
si el cielo es tu nueva patria,
que sea una patria de paz, armonía, música
y mucho baile.
Y sobre todo Yamita,
que haya un bello Mar
profundamente azul, azul, azul….
¡Y allí, nos cruzamos!

Enero, 2023

Rosas y espinas

De un cuero duro es mi alma:
Las espinas de tus rosas,
ya no me hacen sangrar
y si lo hacen a veces,
es inevitable,
es para alimentar mis recuerdos.

Esas rosas de colores
que en ti nacían,
iluminaban a todos los que tocabas;
con tu bondad, humildad y alegría.

Florecidas rosas con espinas….

Blancas, como la ternura
que regalabas,
con esa naturalidad tan normal.
Y al partir, dejaste un vacío anormal
por debajo de mi piel
y cada vez que te recuerdo,
lo siento más profundo.

Florecidas rosas con espinas….

Amarillas como el sol
que de tus acciones manaba,

en tus originales salidas,
aquellas, en las que nos hacían sentir,
parte de una película sin fin,
llena de aventuras, viajes,
y juntas, siempre juntas.

Florecidas rosas con espinas…

Rojas como la sangre
que derramaste tantas veces,
por esos golpes de envidia, mal de ojo,
agresión e incomprensión,
que recibiste en vida.

Florecidas rosas con espinas…

Rosadas como las luces de los atardeceres,
que buscabas junto al Mar:
tu elemento preferido
o predispuesto por esta vida.
Allí, eras muchas cosas,
entre ellas, mi hermana.

Hoy me acompaña, tú amor,
fuerte e incondicional a la familia,
ese que era puro y al entregarlo,
radiabas luz.

¡Y sí!, siento impermeable,
la piel de mi alma, profundamente triste
solo al recordar, tu partida,
esta vez, sin regreso y sin adiós.

Florecidas rosas con espinas.
Esas, que nos regalaste,
en mi ser, crecen,
en tu jardín, crecen,
en las manos de nuestra madre, crecen
y van a seguir así
floreciendo cada verano.

Y así, seguiremos,
aunque sea, con los ojos cerrados,
sentadas en la punta del bello horizonte.
Mirando a ese atardecer
que trae tus colores,
entre las brisas del mar;
en el borde de esta isla,
que llamamos tuya.

Junio, 2022

Palabras que faltaron

Si hay algo que
no te había dicho,
es: que me disculpo de corazón,
por las tantas alegrías
que no compartiré contigo.
Mi alma se parte al pensarlo
y siento: que no te dije,
que me falto contarte, suficientemente,
lo agradecida que estoy
de tu compañía, enseñanzas y amor.

Creo, que casi siempre te di las gracias,
por tu incondicional hospitalidad;
esa, que me hacía sentir especial y querida.
Y esto,
esto sí, siempre te lo dije:
!Que eras la mejor hermana!
Aunque riendo, siempre me respondieras:
¡Soy la única!

Pero no te dije: que cada día,
está, la oportunidad de renacer.
Aunque digan: Que la vida una es,
la muerte, esa sí, es solo una.
Cada día, sí, se puede, comenzar una nueva vida;
sí, te lo crees,

sí, lo intentas,
sí, perdonas,
sobre todo, sí, te perdonas.
Y te extraño, eso si te lo dije,
y te lo seguiré diciendo, en pensamiento.

¿Sabes?
Eras, eres y serás,
mi persona favorita.
Y te debía, haber llamado más,
haber pasado más tiempo juntas,
haber estado más...

¿Sabes?
En mente aún lo estoy,
por si quieres hablar.
Creo que no te he dicho,
que la suerte o no sé qué yo,
te llevó por siempre, demasiado pronto
y que tus recuerdos hoy,
son solo, lo que nos acompaña
entre tanta incertidumbre.
Y, aun así, tú nos dices:
¡Vive!
¡Que ya amaneció un nuevo día!
¡Vive!

Julio, 2023

Al final de Paseo

Al final de Paseo,
quedaron tus cenizas
respirando en la avenida,
custodiando a los amantes,
generando amor.

Rodeada de ese Mar
que nos asombra y desnuda,
cada vez que vemos en él
nuestro propio reflejo.

Allí tus ojos reposan
escondidos en durmientes caracolas,
entre las constantes olas
que baten, al inquebrantable Malecón.
Él nos protege de cada tormenta
y es, al mismo tiempo,
nuestro asiento preferido
en otro luminoso y fantástico atardecer.
Allí, donde un bolero te trae de vuelta,
danzándote entre la multitud y la música,
de esta habanera ciudad.

Al final de Paseo,
tal vez te robaron un beso,
te cantaron una canción,
te contaron un secreto
y entre abrazos,
soñaste con el amor.

Al final de Paseo,
el horizonte te cubrió de un golpe,
el agua secó tus dolores y el oleaje,
te ha hecho eterna,
en nuestros recuerdos.

En ese Malecón dónde lloraste
y tus carcajadas se hicieron eternas.
Allí, me siento y presiento tu sombra,
muy cerca, tan cerca como la marea.

Hoy con flores corono tus deidades,
para que te protejan,
más allá de esta tierra.
Al final de Paseo,
estarás siempre,
para recordarnos,
que la vida: ¡Vale la pena!

Autoras:
Mariela Payan Egurrola y Sandra Ortega Tápanes
Noviembre, 2020

Notas Finales

Querida Yami:

Qué difícil es escribirte una carta sabiendo que no volveré a verte, aunque tal vez en eso me equivoque, porque te veré; en cada Bossa Nova, en cada esperanza perdida que convertirás en certeza, en el Danubio, en el Malecón, en los pasillos del Ameijeiras, en cada chiste y en cada bondad. Ahí, estarás siempre.

Había mucho sol esa tarde de enero, pero estaba fresco y olía a domingo; hasta que la voz de Mariela congeló mi alma; te convirtió en ola, en espuma inalcanzable y en silencio. Esta idea maravillosa de Mariela, de expresar su dolor en poemas; nos han salvado a todos de tu ausencia y es el mejor homenaje que puedas recibir.

¿Sabes? Tú tenías razón, siempre la tuviste, siempre supiste que Mariela y yo seríamos grandes amigas. Lo somos, nos cuidamos, te extrañamos y te recordamos juntas. Contarnos tus historias nos acerca a ti y tu risa se apodera de nosotras; esa risa burlona que se reía de la vida, la desafiaba y la convertía en mariposa, en música. Extraño tu inteligencia, tú pasión por la neurocirugía, tú calidez y sabiduría con los pacientes, extraño tus largas y fascinantes consultas donde aprendí tanto, de ti, del mundo.

Tu voz grave aún me susurra, cuando me olvido de cuánto valgo, que aún hay, una inmensidad por descubrir y recorrer. Tus ojos siempre han sido mi guía, esos que se burlaron de tantos accidentes, cirugías, tiempo y nunca dejaron de brillar; una vez hasta les escribí un bolero, nunca lo supiste como tampoco sabrás que te lloro en las tardes cuando escucho a Gal, que lamento tanto no haber pasado aquella navidad contigo, que tus fotos son mi refugio, cuando todo se torna difícil. Pero sé que están ahí, bailando y abrazando el universo.

Para ti, este regalo de versos de tu hermana querida y unas gotas de metáforas mías. Yamita; disfrútalo, vívelo, lloralo, pero no nos prives nunca, de tu brisa, esa que nos dejaste por siempre en tu mar

Autora de "Notas Finales": Sandra Ortega Tápanes

Septiembre 28, 2023

Autora

Mariela Payan Egurrola, firma sus poemas como MAR@ela desde joven, también desde pequeña le gusta dibujar. Ambas cosas las practica en su tiempo libre o cuando la musa la sorprende y motiva. Es una amante del arte, de la música, y su sitio preferido, es siempre cerca del mar.

Ella es graduada de la Universidad de Arte de Viena en la rama de Arquitectura, aunque desde hace años trabaja en la rama de la Logística específicamente en la especialidad de la Trasportación como Senior Manager. En estos momentos esta terminando su Máster en Logística.

Ella se siente isleña de corazón y ciudadana del mundo. Tiene alma de emigrante, pero considera su casa el sitio en donde vive su familia. Nació en la Habana, Cuba; se hizo adulta en Viena, Austria y echó raíces en Charleston, Estados Unidos. Actualmente, reside en Isabela, Puerto Rico.

COLECCIÓN DE POEMAS

Palabras que faltaron, es una recopilación de poemas escritos a través de los últimos años en honor a mi hermana mayor, a su carácter, espíritu, corazón, y vida. Posiblemente, le siga escribiendo a ella toda mi vida. Aunque en mi interior sé, que hay ciclos de luto necesarios de cerrar; para poder así ser libre del dolor y la deuda que se siente, con los que ya no están en nuestras vidas.

La autora: **Mariela Payan Egurrola,** se siente isleña de corazón y ciudadana del mundo. Tiene alma de emigrante, pero considera su casa el sitio en donde vive su familia. Nació en la Habana, Cuba; se hizo adulta en Viena, Austria y echó raíces en Charleston, Estados Unidos. Actualmente, reside en Isabela, Puerto Rico.

Primera edición, octubre, 2023